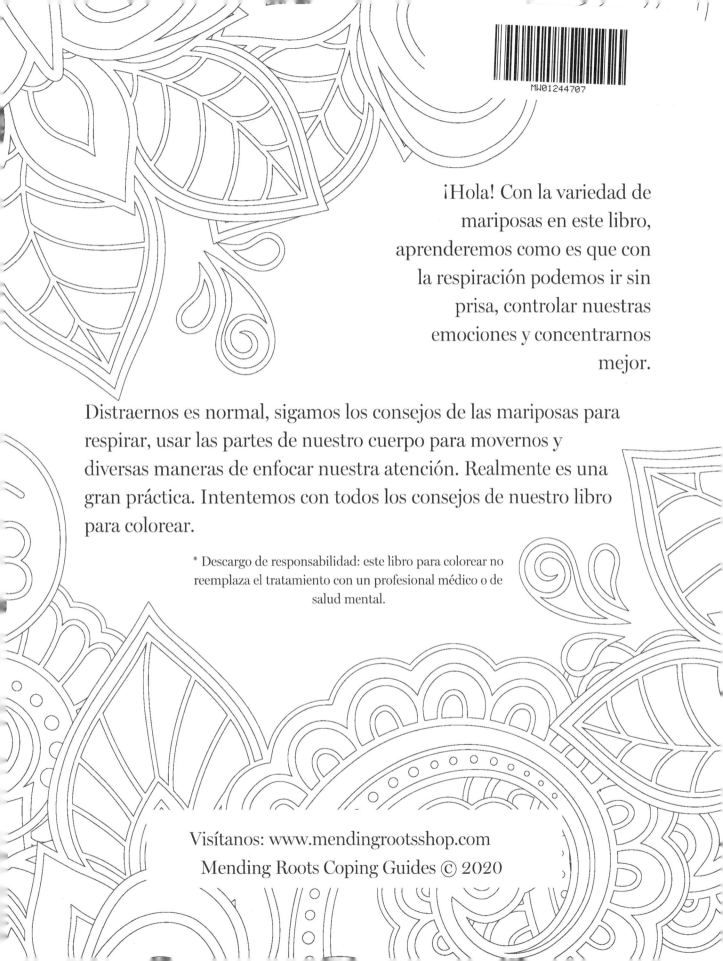

¡Hola! Con la variedad de mariposas en este libro, aprenderemos como es que con la respiración podemos ir sin prisa, controlar nuestras emociones y concentrarnos mejor.

Distraernos es normal, sigamos los consejos de las mariposas para respirar, usar las partes de nuestro cuerpo para movernos y diversas maneras de enfocar nuestra atención. Realmente es una gran práctica. Intentemos con todos los consejos de nuestro libro para colorear.

* Descargo de responsabilidad: este libro para colorear no reemplaza el tratamiento con un profesional médico o de salud mental.

Visítanos: www.mendingrootsshop.com
Mending Roots Coping Guides © 2020

Agradecimientos:

A las maripositas mas preciosas del mundo Emma, Laila y Zelda. A mi prima Victoria Pennock en Mexico, muchas gracias por ayudarme a editar las palabras de las mariposas. Las quiero mucho a todas.

Este libro le pertenece a esta maravillosa y creativa criatura:

Inhala mientras estiras las alas hacia arriba. Exhala mientras tocas los dedos de tus alas hacia abajo.

Agregua calcomanías, recortes o imágenes que the ayuden a recordar respirar como una mariposa.

Esta página se deja en blanco, para ayudar a generar ideas y/o en caso de que los marcadores se traspasen.

Inhala mientras te tocas la parte más alta de tus antenas, escucha con atención qué sonidos captan tus antenas.

Agregua calcomanías, recortes o imágenes que the ayuden a recordar respirar como una mariposa.

Esta página se deja en blanco, para ayudar a generar ideas y/o en caso de que los marcadores se traspasen.

**Observa con atención todos los
colores bonitos. Toca la hermosa
flor. Huele con calma. Sopla los
pétalos y observa cómo se mueven.
¿De qué nos damos cuenta?**

Agregua calcomanías, recortes o imágenes que the ayuden a recordar respirar como una mariposa.

Inhala como si estuvieras inflando un globo en tu estómago. Exhala todo. Colorea con calma.

¿De qué nos damos cuenta?

Agregua calcomanías, recortes o imágenes que the ayuden a recordar respirar como una mariposa.

Esta página se deja en blanco, para ayudar a generar ideas y/o en caso de que los marcadores se traspasen.

Agregua calcomanías, recortes o imágenes que the ayuden a recordar respirar como una mariposa.

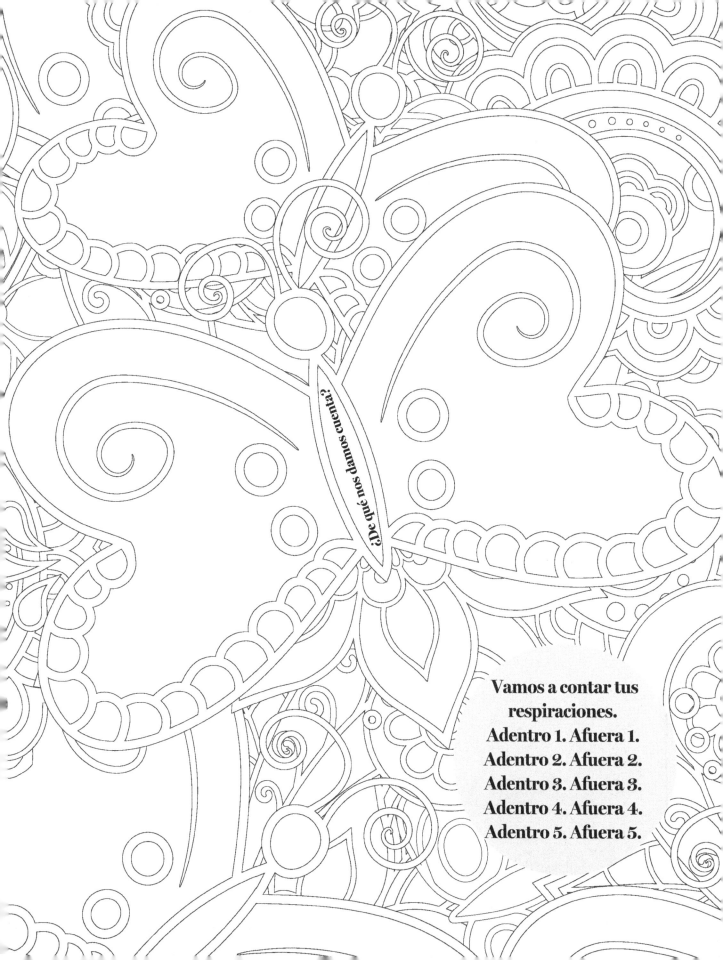

¿De qué nos damos cuenta?

Vamos a contar tus
respiraciones.
Adentro 1. Afuera 1.
Adentro 2. Afuera 2.
Adentro 3. Afuera 3.
Adentro 4. Afuera 4.
Adentro 5. Afuera 5.

Agregua calcomanías, recortes o imágenes que the ayuden a recordar respirar como una mariposa.

Esta página se deja en blanco, para ayudar a generar ideas y/o en caso de que los marcadores se traspasen.

Respira con
calma para
concentrarte

Agregua calcomanías, recortes o imágenes que the ayuden a recordar respirar como una mariposa.

Esta página se deja en blanco, para ayudar a generar ideas y/o en caso de que los marcadores se traspasen.

Agregua calcomanías, recortes o imágenes que the ayuden a recordar respirar como una mariposa.

Agregua calcomanías, recortes o imágenes que the ayuden a recordar respirar como una mariposa.

1. Pon tu ala sobre tu corazón

2. Respira

3. Reacciona

Agregua calcomanías, recortes o imágenes que the ayuden a recordar respirar como una mariposa.

Esta página se deja en blanco, para ayudar a generar ideas y/o en caso de que los marcadores se traspasen.

Inhala mientras mueves las alas
lentamente hacia arriba.
Exhala todo mientras sacudes
las alas hacia abajo.

*Hagámoslo 5
veces*

**Agregua calcomanías,
recortes o imágenes que the
ayuden a recordar respirar
como una mariposa.**

Esta página se deja en blanco, para ayudar a generar ideas y/o en caso de que los marcadores se traspasen.

La Practica de Darse Cuenta y la Atención Plena

En la siguiente sección de este libro, te ayudaré a practicar tu atención. Algunas personas lo conocen como atención plena o "mindfulness" en inglés. Otros lo conocen como enfocarse o prestar atención a lo que está frente a nosotros en el momento preciso.

Algunas reglas son:

1. Simplemente, darse cuenta.
2. No hay respuestas equivocadas.
3. Date cuenta si te dices algo negativo.
4. Si te distraes con otra cosa, vuelve al momento presente.
5. ¡Eso es todo! Cuanto más lo hagas, más te darás cuenta.
6. Una cosa más: Colorea las páginas cuando hayas terminado de darte cuenta y siéntete libre de agregar cualquier detalle especial para personalizarlo a tu gusto.

Agregua calcomanías, recortes o imágenes que the ayuden a recordar respirar como una mariposa.

Usa cualquier color que te guste para agregar tus propios detalles y colores favoritos.

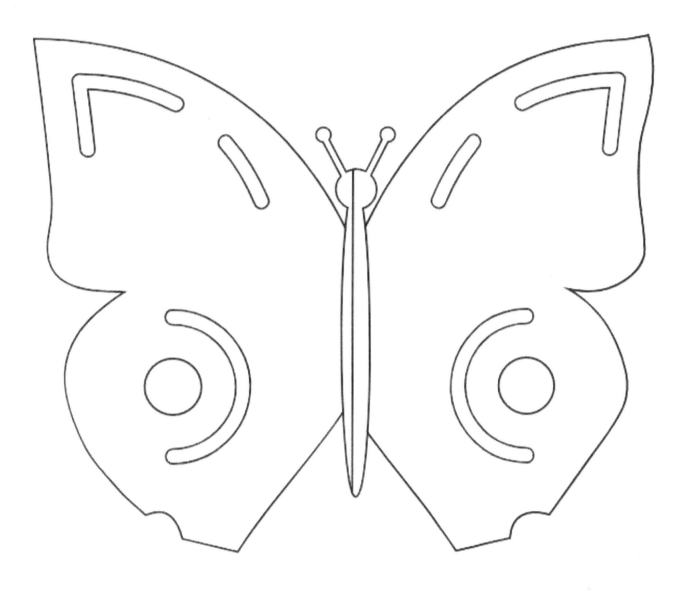

Si te distraes con otros pensamientos o sonidos, obsérvalos, escúchalos y regresa tu atención a los colores en la página.

Agregua calcomanías, recortes o imágenes que the ayuden a recordar respirar como una mariposa.

Vamos a elegir solo <u>tres</u> colores para colorear y agregar detalles especiales a esta mariposa. Simplemente experimenta lo que sientes al usar solo <u>tres</u> colores.

¿De qué te das cuenta?
Colorea tu respuesta

Me gustó

NO
me gustó

Agregua calcomanías, recortes o imágenes que the ayuden a recordar respirar como una mariposa.

Inhala profundamente hasta llenar tu estómago y exhala lentamente. Ahora agrega tus propios detalles personales a tu mariposa.

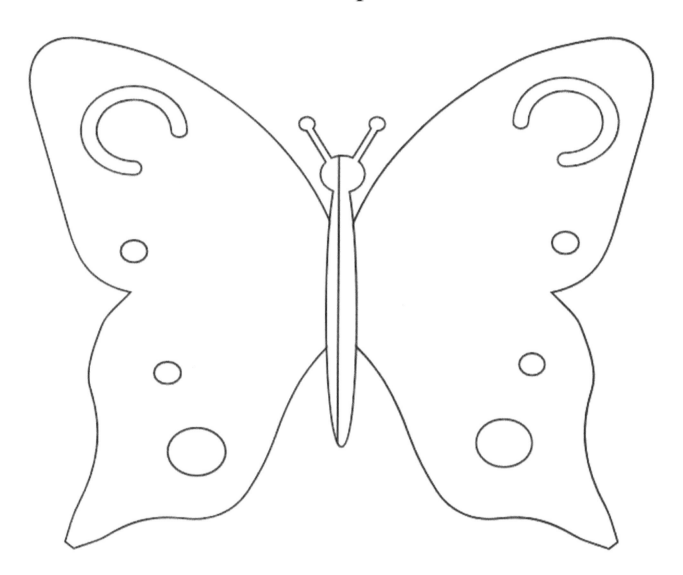

Todos tenemos detalles especiales que nadie más tiene. Eso nos hace especiales y únicos.

¿Cuáles son tus detalles especiales?

Agregua calcomanías, recortes o imágenes que the ayuden a recordar respirar como una mariposa.

Inhala profundamente mientras sacudes tus alas hacia arriba, sopla el aire y lleva tus alas hacia abajo. Ahora agrega tus propios detalles especiales a tu mariposa.

¿De qué nos damos cuenta?

¿Cuál fue tu parte favorita al colorear esta mariposa?

Agregua calcomanías, recortes o imágenes que the ayuden a recordar respirar como una mariposa.

Esta página se deja en blanco, para ayudar a generar ideas y/o en caso de que los marcadores se traspasen.

Escribe una palabra especial que te haga sonreír.

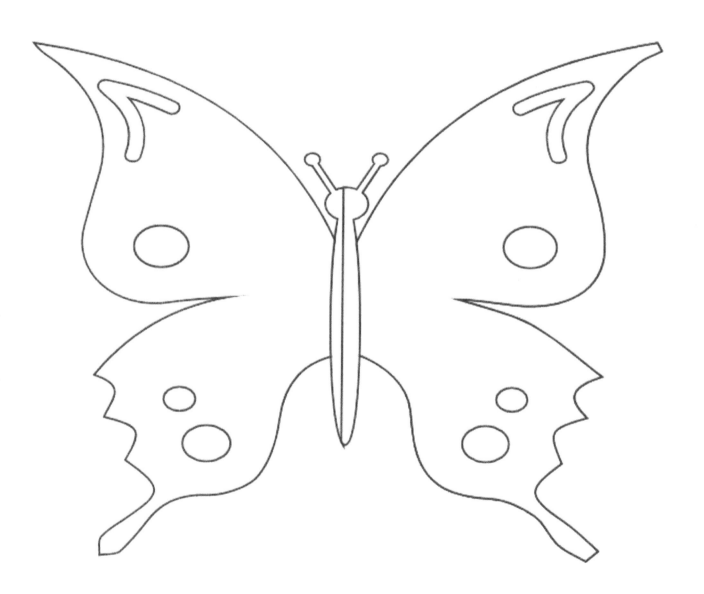

¿De qué te das cuenta?
Colorea tu respuesta:

Me gustó

NO
me gustó

Agregua calcomanías, recortes o imágenes que the ayuden a recordar respirar como una mariposa.

Práctica de darse cuenta:
¿De qué te das cuenta en las caras?

Agregua calcomanías, recortes o imágenes que the ayuden a recordar respirar como una mariposa.

Práctica de darse cuenta:
¿Qué crees que esta pasando?

Agregua calcomanías, recortes o imágenes que the ayuden a recordar respirar como una mariposa.

Esta página se deja en blanco, para ayudar a generar ideas y/o en caso de que los marcadores se traspasen.

Práctica de darse cuenta: ¿Qué observas qué pasa?

**Agregua calcomanías,
recortes o imágenes que the
ayuden a recordar respirar
como una mariposa.**

Esta página se deja en blanco, para ayudar a generar ideas y/o en caso de que los marcadores se traspasen.

Práctica de darse cuenta: ¿Qué crees qué esta pasando?

Agregua calcomanías, recortes o imágenes que the ayuden a recordar respirar como una mariposa.

Práctica de darse cuenta: ¿Qué está sucediendo?

**Agregua calcomanías,
recortes o imágenes que the
ayuden a recordar respirar
como una mariposa.**

Practica de la Escritura, conocido como "Journaling"

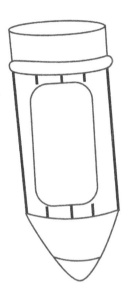

En la siguiente sección del libro, te ayudaré a practicar el darte cuenta, a través de la escritura, se le conoce también como "escritura de diario" o "journaling" en inglés. Completa las líneas con las primeras palabras que se te ocurran. ¡No lo pienses demasiado, solo escribe! Hay algunos espacios en blanco, siéntete libre de escribir o dibujar cualquier cosa que se te ocurra.

Hay algunas reglas para esta práctica:

1. Escribe los primeros pensamientos que lleguen a tu mente.
2. No hay respuestas equivocadas.
3. No te preocupes por la ortografía o la gramática.
4. Date cuenta si te dices algo negativo.
5. Si te distraes con otra cosa, vuelve al momento presente
6. ¡Eso es todo! Cuanto más lo hagas, mejor podrás escribir tus pensamientos y sentimientos en tu diario.

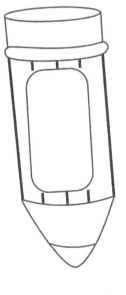

Me gusta como soy

Respirando me ayuda

Cuando ayudo, me siento

Me gusta cuando

No me gusta cuando

Mi favorito

Mi corazón siente

Sonrío cuando

Lloro cuando

Me enojo cuando

Las mariposas

Made in the USA
Middletown, DE
20 September 2022